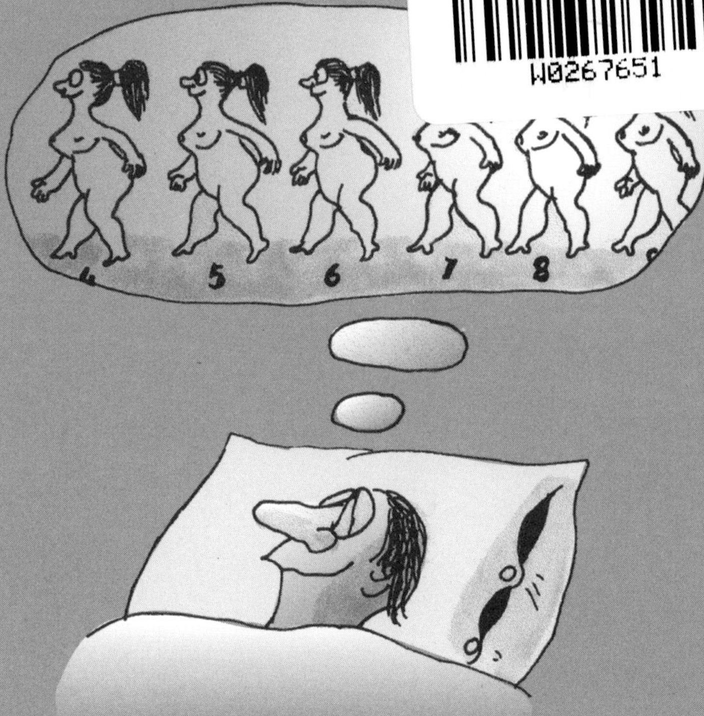

4
5
6
7
8

Jankofskys Hochzeitsmarsch

Heinz Jankofsky

Nun traut euch mal!

Karikaturen

Eulenspiegel Verlag

»Hat einer der Herren
Lust zu heiraten?«

»Ich sag mir immer,
bereit sein ist alles!«

»Zum letzten Mal, ich bin an einer baldigen Hochzeit nicht interessiert!«

»Wer hat eigentlich herumgequatscht,
daß ich des Alleinseins müde bin?«

»Das nenne ich mal einen originellen Heiratsantrag.«

»Na, was meinen Sie so?«

»Sind Sie sicher,
daß er nicht simuliert?«

»Möchtest du vor unserer Hochzeit
ein letztes Bier trinken?«

»Bisher hat noch jeder diesen Reißverschluß zugekriegt.«

»Wenn Sie ohne mich
nicht leben können, junger Mann,
dann müssen Sie sich
aber beeilen.«

»Prima, heute abend gibts noch ganz spät einen spannenden Actionfilm.«

»Dauert's noch lange?«

»Sind noch Zuschriften auf meine Annonce gekommen: ›Flotter Endvierziger sucht nettes Mädel zwecks baldiger Heirat‹?«

»Ist ja gut, ich weiß selbst,
daß es billigere Brautkleider gibt!«

Weg ohne Umkehr

»Manchmal denke ich,
du hast zum Heiraten noch
gar nicht die nötige Reife.«

»Sehr ärgerlich die Panne –,
aber wir können ja trotzdem
gute Freunde bleiben.«

»Dein Vater hätte wenigstens
die Flinte zu Hause lassen können.«

STIMMUNG
GUTE LAUNE!
Ball der einsamen Herzen.

»Ich tausche nur mein Buch um,
sonst hab' ich heute abend im Bett
nichts zu lesen ...«

»Ich sehe eigentlich nicht ein,
daß der Hund deiner Mutter
überall dabei sein muß.«

»Du willst wirklich
einen Meteorologen heiraten,
der es fertigbrachte,
für heute einen sonnigen Tag
vorauszusagen?«

»Was für einen Brautstrauß
hattest du denn
zur Osterzeit erwartet?«

»'ne Hochzeitskutsche
mieten wir uns nie mehr!«

»Du hast aber selber vorgeschlagen, ganz in Weiß zu heiraten!«

»So 'ne Geldheirat
ist heutzutage selten.«

»Jaja, ich merke schon, daß deine Mutter sehr musikalisch ist.«

»Deine Mutter hätte wenigstens
'ne Plane über ihr Geschenk
decken können.«

»Ich meine,
wir müssen ja nicht beide
naß werden.«

»Dies ist mein Fisch des
Monats – und ich will,
daß er dabei ist!«

»Und wann kann man die Kutsche wieder mal mieten?«

»Wahrscheinlich so'n
verknöcherter Junggeselle.«

»Ich habe ja nichts gegen deine Mutter,
aber wenn ich das gewußt hätte,
hätten wir im Frühling geheiratet.«

»Wenn das so ist,
verschieben wir die Sache
am besten!«

»Manchmal denke ich,
du heiratest mich nur
wegen des Hundes.«

»Was ist denn nun?!«

»Wir renovieren gerade –
wollen Sie es sich nicht
doch nochmal überlegen?«

»Laß ihn machen,
der Ernst des Lebens beginnt
noch früh genug.«

»Jaja, mein Hund.
Laß dich deshalb nicht
in deiner Entscheidungsfreiheit
beeinflussen!«

»Ich wünschte, ich hätte die Kraft,
NEIN zu sagen.«

»Das war Absicht –
du willst bloß keinen Ring tragen!«

Der letzte Hauch der Freiheit

»Es reicht ja, wenn du
mit dem Kopf nickst.«

»Und du bist ganz sicher, daß die Standesbeamtin deine ehemalige Schwiegermutter ist?«

»Die gleiche Musik
wie immer, Herr Kühn?«

»Sie hätten die Torte vielleicht erst nach der Trauung vom Konditor abholen sollen …«

»Jetzt hab' ich den
Faden verloren.«

Die Stunde der Wahrheit

»Wie Sie schon bemerkt haben werden, ist unser Plattenspieler nicht in Ordnung.«

»Sie wären nicht der erste,
der im letzten Moment
kalte Füße kriegt.«

»Ich darf zwar nichts nehmen,
aber wenn Sie mit der Trauung
zufrieden waren …«

»Wenn Sie gewillt sind, den hier anwesenden Kapitän Schröter zu heiraten, dann antworten Sie mit einem deutlichen: Aye, aye, Sir!«

»Sie werden froh sein, wenn Sie später sagen können: ›Der in der Mitte war unser Standesbeamter‹!«

»Meine Verlobung ist eben in die Brüche gegangen. Sagen Sie mir Bescheid, wenn irgendeine Braut abspringt.«

»Man wird ja wohl noch
ein Stündchen
überlegen dürfen!«

»Was soll ich machen,
Musik wollen sie nicht ...«

»Ich hab' ja gleich gesagt,
geh zum Zahnarzt – aber nein,
du mußtest ja unbedingt
erst heiraten.«

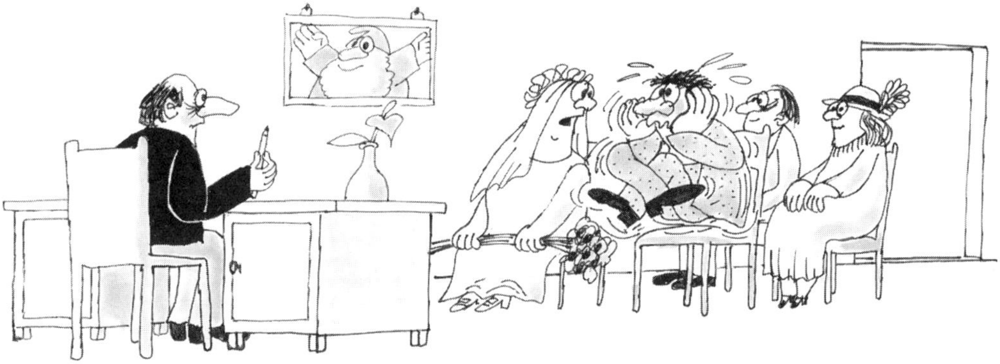

»Nicht vorsagen, bitte!«

»Du hättest heute mal
auf deine Schlangengifteinreibung
verzichten sollen.«

»Soll sie sich vorher ruhig noch austoben.«

»Darf ich bitten?!«

»Ich meine, auch als Vorsitzender des hiesigen Karnevalsvereins könnten Sie wenigstens während der Trauung die Narrenkappe abnehmen.«

»Bevor Sie Ihr Jawort geben,
zeige ich Ihnen unverbindlich,
was ein Junggeselle
sich so schaffen kann.«

»Unterschreib ruhig,
es ist alles nur Gewohnheit.«

»Eine halbe Stunde ist schon um – kannst du jetzt unterschreiben, oder sind deine Finger immer noch so klamm?«

Die Stunde der Wahrheit

»So bleiben.«

»Ein hartnäckiger Fotograf –,
aber mal muß Schluß sein.«

»Es soll 'ne Überraschung werden!«

»Ein Pressefoto
von einem glücklichen Paar?
Wieso, zum Donnerwetter, kommen
Sie da ausgerechnet zu uns?«

»Wenn du nicht lächelst,
denken sie,
du bist nicht glücklich.«

»Dafür haben Sie auch
was Dauerhaftes!«

»Machen Sie ruhig
ein paar lustige Aufnahmen,
das Leben nach der Hochzeit
wird noch ernst genug.«

»Eine Zigeunerin hat mir mal einen hübschen, gutsituierten jungen Ehemann geweissagt – diese Spinnerin.«

»Von der Hochzeitstafel
ist was übriggeblieben –
mag jemand ein Stück
Buttercremetorte?«

»Du hast mir nach unserer Hochzeit
ein sorgenfreies Leben versprochen –
wann geht das nun los?«

»Aber wenn ich beim
Heizen den guten Anzug
dreckig machen würde,
wärst du auch sauer ...«

»Das ist nur ein Trainingsdurchgang.«

»Nein, bei mir ist in letzter Zeit nichts Interessantes passiert, Monika, und bei dir?«

»Zu vierzehn Uhr habe ich einen Stuntman bestellt, der dich über die Schwelle trägt.«

»Und hiervon, mein Junge, nimmst du einen Teelöffel voll, wenn es dir nach den Mahlzeiten nicht gut geht.«

»Na gut, aber muß man wegen jeder Kleinigkeit gleich zusammenziehen?«

»Jetzt ist zu allem Unglück auch noch
der Fernseher kaputt.«

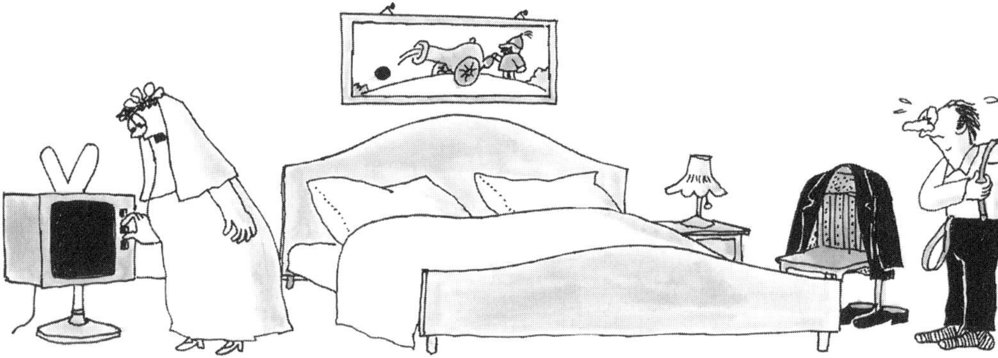

Endstation Honeymoon

»Du fragst mich jedes Jahr
dasselbe, Mama.
Natürlich bin ich glücklich!«

»Ich bin sehr glücklich, Liebling, mein
größter Wunsch wäre jetzt
nur noch ein Kanarienvogel.«

»Ich kenne das schon.
Und hinterher habe ich eine
völlig zerzauste Frisur.«

Impressum

ISBN 3-359-00850-2

Rosa-Luxemburg-Straße 16
10178 Berlin
Druck und Bindung:
Freiburger Graphische Betriebe 1996

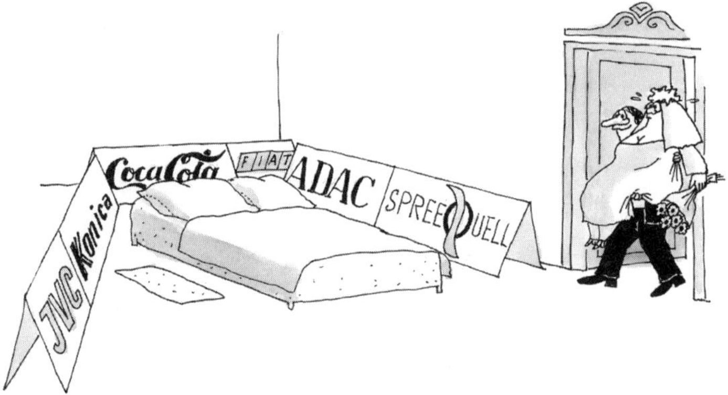